Myri

"Il" de mes interdits

Myriam Mye

Myriam Mye

Myriam Mye

Je vous invite dans une Escapade De poèmes et nouvelles Erotiques

Myriam Mye

Muse

Modèle vivant

Fuir

Amante

J'te

Infidèle

C'est une folie

Amis intimes

Rendez-vous Hier

17H00

Myriam Mye

La vie est surprise… elle devient cadeau quand on sait la savourer
A tous ceux que j'aimais, j'aime, et qu'il me reste à découvrir…

Muse…
Posée sur un pied de cristal
Tu t'élèves aux yeux de ton artiste en mal d'inspiration…
Tu l'inspireras
Il te créera
Te chantera
T'écrira
Belle vie d'être adulée ainsi à l'exclusivité
Temporaire de ses yeux
Douce sensation que de se laisser griser,
Envouter à ses délires extravagants
L'excitation en fait souvent perdre la raison
Garde tes repères
Jolie fragilité
L'explosion d'amour et de dévotion ne durera qu'un temps
Epargne-toi et ne sombre pas
A la nouvelle crise d'angoisse du maître
Il brisera le pied fragile qu'il t'avait cédé
Sa prochaine nourriture artistique naîtra
Elle sera magnifique et magique
Un corps frais et pur à croquer
De ton ombre il faudra alors t'extirper de ta vie, te sauver
De son emprise cérébrale te défaire
Il t'a laissé ta chair
A oublier ton cœur
S'est bien garder de t'imaginer « être » sans lui
N'aime pas jolie muse

Garde-toi de sentiments
Il ne mérite pas tant
L'artiste avide et aimant
À besoin de survivre
De créer
De matière...
La jolie muse subira alors la douleur d'un amour
appelé narcisse
Les contes de fées n'existent pas
L'avidité fait souffrir quand elle n'est partagée
*

Reconstruite
Je respire...
Adieu crédulité
Ma chair dévoilée ou pas
Se mérite
Mon cœur et son intérieur existe
Et ce n'est que vénérée que je vous céderai
Alors peut être une partie de mon esprit

Modèle Vivant

Comme chaque mercredi je me rends au cours de peinture rue « du Marché aux Bestiaux ». Non pas pour peindre, mais pour poser. J'aime cet exercice de modèle vivant. Cette autre façon d'appréhender son corps, de découvrir ou re-découvrir certains muscles, ligaments, tendons… Je me souviens de la première fois où ce peintre mystérieux m'a donné rendez-vous Rue Du Marché Aux Bestiaux, un nom un peu trivial, quand on sait qu'on s'y rend pour se mettre nue devant plusieurs personnes. Je me souviens avoir ri jusqu'à ce qu'il m'ouvre la porte. Son regard froid, et son visage sérieux m'avait tout de suite calmé. Quel con ! M'étais-je dis face à cette première impression. D'autant plus qu'il ne m'avait même pas saluée, il m'avait indiqué l'atelier avec un « C'est par là !» aussi glacial que le bleu de ses yeux. Il faut d'abord traverser un long couloir de pierres froides qui puent la veille moisissure. Il débouche sur une pièce peu éclairée avec un escalier. Il y a ici un vrai bordel, où les livres et les toiles se mêlent, mais il y fait doux, une douceur et une odeur qui tranchent avec le couloir des horreurs précédemment emprunté. Un peu plus au fond se découpe une porte de lumière, elle s'ouvre sur une magnifique verrière à l'intérieur d'un grand patio. Une superbe architecture de fer forgé et de verre, usés par les années. La vue de ce merveilleux endroit m'a apaisée instantanément. L'idée même d'y être passé me suffisait. Peu importe si ce con mégalo (ma première impression) ne m'accordait aucun égard, l'esthétisme de ce lieu valait qu'il ne daigne même pas me dire bonjour. Au centre de la verrière, une petite estrade recouverte de drapés qui

sentaient bon la lessive fraîchement séchée. Tout autour on devine la place pour les apprentis et leurs chevalets. Il n'y a pas le soleil à cette heure ci sur le patio, mais un petit poêle à bois maintient une bonne température ambiante.
Aujourd'hui comme chaque mercredi, j'attends les élèves en peignoir quand, l'artiste, le maître des lieux me rejoint pour m'avertir que ce n'est pas un jour comme d'habitude. Depuis nos rapports se sont améliorés, nous nous sommes rapprochés et aimant mes formes et ma peau vierge de tatouage. Il a fait de moi sa muse. Il m'a croquée, dessinée, peinte, baisée. Une muse quoi, docile et un peu idiote au début, car grisée de la situation. Mais qui a vite repris pied.
« Que veux-tu dire par là ? Tu ne donnes pas de cours aujourd'hui ?
- Si je donne des cours mais assez spéciaux. J'ai réuni un groupe de dessinateurs qui ont une envie commune des dessins un peu plus osés
- Un duo ? Je vais poser avec un homme.
- Non, ce qu'ils aimeraient c'est que tu prennes des poses un peu plus suggestives, voir plus… Tu simules une caresse, tu restes accroupie montrant ton cul, ou assise les jambes bien ouvertes le bassin élevé. Mais je veux que tu portes un masque. Ils ne seront que trois, paient très bien et on partagera la somme pour cette fois. »
Je me sens d'abord un peu prise au piège, et surtout prise dans ses fantasmes. Je sais depuis que je le fréquente qu'il aime que ses muses s'exhibent ainsi, rares sont celles qui osent la pose porn'art. Il n'a d'ailleurs comme élèves que des hommes. Les rares femmes ayant pris des cours avaient un vrai penchant lesbien.. On sent dans cet atelier un coté sexuel très fort, qui dépasse la simple peinture de nu presque pure. J'accepte pour cette fois. Je ne réfléchis pas longtemps à vrai dire, l'aventure me tente, et l'aspect financier n'enlève rien au défi. Il me pose donc sur le visage

un superbe masque vénitien, sur lequel il a juste peint mes initiales. Je relève mes cheveux en chignon. Il m'attache ce nouveau moi en me déposant un baiser dans le cou. Et me gratifiant d'un « merci ma belle tu me rends heureux ». A vrai dire je me sens un peu pute à cet instant, la nuance est assez faible quand on y pense. Et je sens que c'est bien cette idée qui m'électrise.
On sonne. Les trois hommes arrivent en même temps, ils passent devant moi assise en peignoir au milieu des livres, un peu traqueuse de ce qui va se passer. Ils me saluent tour à tour. Je réponds à chacun en inclinant la tête, telle une reine sur son trône. Le Maestro vient avec panache me chercher il me tend la main, je la lui donne, me levant et me laisse conduire jusqu'à mon estrade. Les trois hommes sont côte à côte. Ils veulent le même angle de vue certainement. Leur hôte et professeur, dénoue la ceinture de mon peignoir, et m'enlève ce dernier, d'un geste ferme mais tendre. Il me reprend la main, me fait tourner sur moi-même, il m'exhibe, comme une pièce de musée. Les trois hommes valident d'un large sourire et prennent leur fusain. On me demande de m'assoir les jambes écartées, face à eux, le bassin en avant, qu'ils découvrent mon sexe, la poitrine bombée. Pendant que les trois m'observent et me dessinent, lui m'observe et veille à ce que mes cuisses ne se referment pas. Il vient derrière moi et me passe les mains sous les genoux, veillant à se que je ne perde rien de la pose. On me demande ensuite de glisser un doigt dans ma chatte, le majeur, et d'écarter un peu, qu'on le voit pénétrer. L'autre main pinçant un de mes tétons. Je prends une inspiration et exécute. L'exercice est beaucoup plus simple que d'habitude, pas de crampe, ou d'engourdissement, je suis confortablement assise et plutôt échauffée. Lui, toujours proche, invite ses élèves à venir plus près de moi afin de travailler sur la précision du doigté.

Ce qu'ils font, cahier de croquis dans une main, crayon dans l'autre. J'en sens maintenant deux, proches comme jamais, de mon sexe ouvert, un doigt à l'intérieur, leur professeur, caressant mes lèvres pour leur expliquer le relief. Le troisième observe le bout de sein pincé entre mes doigts. Il s'était habilement placé au dessus de ma tête. Parfois le bout de mon nez frotte sa cuisse, à quelques cm de sa bite. J'ai envie de les maudire, de les traiter de pervers, vicieux ou dégueulasse. Et paradoxalement, mon vagin est en train de me trahir, je mouille. Je sens mon doigt devenir tiède. J'espère un petit peu que cela passe inaperçu. Mais le maestro, qui n'hésite pas à caresser l'endroit, toujours sous prétexte d'un enseignement de son art et d'un respect de la perspective, se rend vite compte de mon état. Il lance haut et fort, sur un ton fier et sans retenue « Je savais que tu ne me décevrais pas ! Tu es incorrigible, une vraie vicieuse ! ». Je les entends éclater d'un rire de satisfaction, à l'unisson. Le rose me monte aux joues, et, refermant mes jambes, y coinçant ma main, comme pour cacher l'inavouable, je me recroqueville sur moi-même. Eux ne savent pas que je suis rouge de honte et que ma tête bouillonne sous le masque. Le masque, mais oui, je n'y pensais plus, il n'y en a qu'un qui sache réellement qui je suis. A cette pensée je me détends un peu. Une fois le semblant de panique passé je les regarde. Ne voulant pas parler, je hausse les épaules, ce qui leurs déclenche cette fois ci, un vrai rire complice et sympathique à mon égard.

Les trois consultent leurs croquis et en concluent qu'ils aimeraient passer à autre chose. On m'invite à me relever, l'un d'eux me passe mon peignoir, et m'accompagne dans la pièce aux livres. Cette pièce à l'odeur si particulière, peinture, papier et térébenthine mêlés. Il me dit de me détendre un peu, m'offre un verre de bourbon, et m'explique qu'ils vont se délasser en fumant un petit cigare dans le patio, que je pourrai les rejoindre quand j'aurais pu moi-même retirer ce masque un instant. Je trouve cette attention gentille et son savoir vivre me plait. Je suis quand même dubitative sur le « autre chose ». Que veulent-ils de moi à présent ? Je préfère ne pas spéculer sur mon devenir imminent. J'ai retiré le masque et je m'essuie le visage. Cette coupure me fait du bien. Je suis seule, et bien que je déteste ça, me siffle ce petit bourbon cul sec. Je n'arrive cependant pas à avaler, la gorge me chauffe. Puis un agréable goût alcoolisé se répand dans ma bouche et reste incrusté à mon palais. Finalement c'est agréable. Je remets le masque et décide de rejoindre les fumeurs de cigare. Je suis bien accueillie par de larges et courtois sourires. Le maître des lieux leurs vante ma cambrure et m'informe qu'elle sera à l'honneur pour les prochaine poses. Un des trois se frottant les mains me lance : « Ca y est mademoiselle, on s'y remet ? » J'acquiesce et nous rentrons tous dans l'atelier. On me tend alors un serre taille, un porte-jarretelles, une paire de bas et de magnifiques escarpins vernis aux talons aiguilles vertigineux. Je me pare donc de cette tenue qui me va à merveille, aucune faute de taille même pour les chaussures. Je regarde mon cher artiste, il voit que mes yeux se plissent du sourire que je suis en train de lui faire. « Et oui ma petite chérie, je connais les moindres détails à la perfection ! En aurais-tu douté ? ». Je ris à présent. On me dit que je pourrai tout garder, c'est un petit bonus. Maintenant je me sens encore plus pute !!!

Me voici à quatre pattes les jambes écartées, exagérément cambrée, les talons croisés et légèrement en l'air, la tête relevée. Ils ont vu sur mon cul, en position parfaite pour une levrette. La pose est assez compliquée à tenir, mais je ne m'en sort pas trop mal. J'ose même imaginer que dans d'autres circonstances, je me serais même bien prise une petite fessée ! Quand, claque sur le haut de mes fesses la main du maestro, je ne peux résister à laisser échapper un cri, manifestant certes une légère douleur mais passionnée. Ce geste délibéré m'incite à me cambrer davantage, et ravive l'excitation du début de séance. J'ai envie de leurs montrer plus que mon cul, mon petit trou, ses relief en lumière. J'ai hâte que cette pose se termine, je leurs en suggèrerai une autre avant qu'ils ne me l'imposent. « Merci Mademoiselle vous pouvez vous détendre un peu je pense que nous en avons terminé avec cette belle croupe ! ». Je décroise mes talons, les pose à terre, et laisse glisser mes mains devant moi, sur les draps le plus loin qu'il m'est possible. offrant sans retenue mon petit trou cul et ma chatte béante, avant de me relever langoureusement telle une petite chatte. Je les imagine serrés dans leur pantalon, je les allume, je sais qu'ils sont là, à la recherche de sensations. J'accepte le jeu. L'artiste et maître des lieux perd peu à peu la main, mais jamais trop. Il s'empresse de revenir, me sommant de me calmer, la séance n'est pas terminée. L'aurais-je provoqué ? Oui je l'ai atteint dans sa dominance masculine, il n'aime pas qu'on lui échappe : « Et puisque tu veux offrir ton cul, ne te gène pas ! Ecarte et donne toi à la vue de ces messieurs, qu'ils se rapprochent, nous allons maintenant dessiner le détail ! » Son ton sec comme si j'avais fait une connerie insurmontable. J'aime l'agacer ainsi, et je sais que c'est ce qui lui plait en moi, mon manque de docilité. Je reprends donc la pose lui lançant « Très bien après tout je suis payée pour ça ! ». A nouveau à quatre pattes, mais dans une situation non équivoque, j'offre largement mes attributs à l'assistance. Je ferme les yeux et pars dans mon imagination. Laissant le mégalo dans sa petite vexation, pour qu'il reprenne sa place plus tard, quand nous seront seul et qu'il me fera l'amour, punissant mon insolence !

Je ne veux rien voir, je veux juste deviner, rêver fantasmer.

Les sentir excités à me découvrir offerte, qu'ils dessinent de leur fusain mon petit trou, ma chatte désireuse, laissant échapper quelques gouttes impudiques. Je les imagine la braguette sur le point de craquer, libérer leur sexe et oubliant le fusain, deviner le doux intérieur de mes orifices. J'imagine le maestro prendre de la distance et admirer le spectacle. Il s'est assis sur son fauteuil dans un coin de la verrière. Il regarde et se caresse l'entrecuisse au travers de son jean, savourant avec patience le moment prochain où il comblera mes attentes, les connaissant parfaitement. Mon ventre se tord, mes idées s'emballent, je ne sais plus trop où et avec qui je suis. Mes genoux sont douloureux, je commence à m'engourdir. Une main chaude me saisit la nuque, je connais cette poignée ferme. Elle m'invite à le relever, me sortant brutalement de mon subconscient : « Merci ! Petite chérie, tu peux te relever nous avons terminé. Tu as été formidable, plus que je n'osais l'espérer ! Tiens, mets ton peignoir et attends-moi ! ». C'est maintenant deux bras qui m'enlacent me passant le peignoir avec douceur. Le masque a bougé et je ne vois plus rien, je me laisse faire épuisée. Je m'assieds sereine et attends mon tendre bourreau. J'entends tour à tour un brouhaha de voix lointaines, une porte se refermer et pour finir le bruit de ses pas toujours réguliers et surs, s'approcher de moi. Il se baisse face à moi, me dégrafe le masque, il utilise un coin de tissu pour m'essuyer le visage recouvert de sueur et de talc. J'ouvre enfin les yeux « Je suis désolée pour la dernière pose, je pense que je me suis assoupie

-Ne sois pas désolée, tu as été parfaite, ils ont fortement apprécié, tu n'as pas remarqué ?

-Non ! Je suis partie dans mon délire.

-J'en étais sur, c'était bon ?

-Tu en doute ?

-Non je t'ai bien vu mouillée ! Tu nous as offert de magnifiques petites gouttes à croquer.
-Et maintenant ?
-Je vais te gâter !»
Il m'invite à prendre un bain. Nous nous allongeons moi sur lui, dos contre son torse. Sa queue gonflée dans la raie de mes fesses, étreints dans la mousse, il me caresse la chatte m'extirpe un orgasme avant que je ne sombre dans un sommeil profond et salvateur.

Fuir…

Il faut partir
Lui mentir chaque fois
Qu'il me glisse sous ses draps
C'est un jeu,
Fermer les yeux et se laisser souffrir
C'est juste pour le plaisir
Espérer qu'il me supplie de rester
Mon ami de cul
Mon amant de cœur
Rester dans ses bras
Après l'amour
Quand le corps répond
Les tripes nouées
Je franchirai cette porte
Trop tard ! Encore une fois
Assez pour ne plus me sentir
Qu'un jouet qu'il préfère aux autres
Assez pour fuir
Son regard au travers du miroir

Amante

Il est un monsieur au corps massif, puissant, un homme plein de force, qui prend soin de lui. Il m'a abordé comme ça, dans les hasards de la vie. Je ne me serais pas retourné sur lui, non, peut être un air trop sage, peut être un mari aimant. Nous nous sommes parlé un court instant, sa maladresse (je me dis aujourd'hui qu'elle était sans doute calculée) m'a fait sourire. Curieusement, je n'ai senti de lui aucun danger, aucune envie sexuelle. Amusée de cette approche, j'ai accepté de lui donner mon numéro de téléphone assez facilement. Chose que je ne fais jamais à un inconnu habituellement. Comme il me l'a promis, Il m'a appelé le lendemain. Et m'envoie souvent des petits messages plus sympathiques les uns que les autres. Il a toujours une tendre pensée au fil des semaines qui s'écoulent. Nous communiquons facilement par téléphone ou sms, jusqu'au jour où il m'invite à passer un moment avec lui. Je le laisse fixer la date et le lieu. Après l'avoir revu une fois dans un café, il m'invite à passer un moment en tête à tête rien qu'avec lui et chez lui. Je le connais mieux et sans crainte, je me laisse ainsi guider. C'est un homme

d'un grand savoir vivre. Son respect me touche. Je n'ai pas l'habitude de fréquenter ces hommes-là. J'aime, enfin je crois aimer, me laisser séduire par ce que l'on nomme « bad boys », les artistes maudits, ceux qui font souffrir, qui blessent pour panser leurs propres maux. Lui n'a rien de tout ça, je découvre une grande douceur cachée sous un corps musclé. Un homme brut, un homme vrai. Je suis intriguée par sa façon de me regarder, presque parfois intimidée, alors qu'il est à l'aise dans ses attitudes, sûr de lui. Je suis surprise de la distance physique qu'il met entre nous et pourtant de cette vraie présence que je ressens, comme si une masse invisible me prenait contre elle, me touchait, me protégeait. Il est dur, je le sens, sa sensibilité n'est pas au niveau que je connais, me rend curieuse, j'ai envie de le découvrir.
Il m'a donc donné rendez-vous chez lui un vendredi après midi et je suis maintenant debout devant ce portail massif. Je peux encore partir, j'hésite un peu, mais l'envie de sonner et trop puissante. Mon doigt enfonce le bouton et la petite musique retentit. La porte s'ouvre, il apparait un large sourire réconfortant. Je me sens comme une enfant prête à faire une bêtise, cette sensation fugace et grisante, je suis vivante et pas sage, sachant déjà qu'au moindre signe, je succomberai ! Il m'invite à rentrer et me débarrasse de mon manteau et de mon sac, histoire de me « mettre à l'aise ». Debout, face l'un à l'autre, une situation qui m'intimide un peu. Le doute prend le dessus, était-ce vraiment une bonne idée ? Prise d'une idée furtive de me sauver, le besoin réel de rester, d'aller jusqu'au bout, de goûter ce que je m'interdis. Le regardant massif près de moi, je m'imagine un contact charnel, mais je n'ose pas, ne serait ce que lui toucher son bras. C'est lui qui, a l'audace de se rapprocher de moi, il me passe une main dans le dos. Je me laisser faire, me laisser porter par l'aventure,

m'abandonner sous cette chaleur poignante. Je n'ai aucun doute sur l'issue de cette escapade au moment même où cette paume si chaude se pose sur moi. Soudain, sa voix « Tu veux un massage ? ». Je lui souris, ses propos « bon enfant » me donnent encore plus envie de me plier à ce petit jeu. Il me masse les épaules, le dos, descend furtivement le long de ma colonne vertébrale et remonte. Il n'a même pas effleuré la rondeur de mes fesses, je suis surprise, elles qui aspirent tant convoitise. Il est rusé ? Non il est poli, charmant, courtois. Habituellement si sûre de moi, face à eux, les hommes, je me sens un peu perdue, il me trouble, m'aura lui c'est certain, mais pas comme les autres. Je ne me sauverai pas après être passée dans ses draps, de peur qu'il me quitte trop vite, non je n'ai pas peur de souffrir. Il me donne d'avantage envie de goûter à ses attentions, je veux le découvrir petit à petit. Je souhaite qu'il en fasse autant avec moi. Une fois de plus, sa voix basse et apaisante « Je veux découvrir ton corps avec mes mains ». Je ferme les yeux et acquiesce, droite comme un « i » je laisse, ses doigts, ses paumes parcourir ma silhouette. S'attarde le long de mes cuisses, des hanches aux genoux. Il se rapproche encore, me serre contre son corps. Je me sens petite et fragile, bouleversée par sa tendresse. Ma tête contre son épaule, je sens son parfum pour la première fois. Il est discret je le connais, un parfum d'un goût exquis et léger, qui ne masque pas et laisse place à l'odeur de sa peau. Je perds peu à peu pied dans ce mélange de sensations je sens mon ventre se tordre, cette sensation que j'aime tant, l'Envie. Je sais que ma respiration change. Il le ressent, ses caresses sont plus fortes, moins pudiques, il explore la moindre courbe de mon corps. Au travers des vêtements, une trainée de chaleur s'attarde maintenant tour à tour sur ma poitrine, mes hanches, mes fesses. Je rêve d'un contact peau contre peau. Il ne me l'offre pas, se baisse à genou pose ses lèvres sur la braguette de mon jean, embrassent mon sexe qui se liquéfie immédiatement « Non arrête, j'ai peur de ce qu'il se passe ! » Ma voix, non, ma raison parle. Il se redresse, me regarde l'air interrogatif. Je réponds « tu sais qu'après tout va changer !». Je sais à cet instant que la toute première caresse qu'il vient de m'offrir sera la seule et unique, que si nous devenons amants, plus jamais il ne me touchera avec cette retenue, nostalgique du quart d'heure qui vient de s'écrouler, je suis en proie aux doutes. Et si... ? Il m'enlace alors tendrement et me répond, « c'est toi qui décides, j'ai envie de toi, mais je me plierai à ton désir ». Comment ne pas succomber à cette pulsion sexuelle qui me rends impatient et je réplique spontanément en glissant ma main entre son pantalon et son caleçon. Prenant son sexe entre mes doigts pour le caresser. J'ai envie oui de lui, et que tout change, bien sur, je me fous de demain, je veux vibrer sans contrainte. Je le sens dur, je le regarde fermer les yeux, la tête basculée en arrière, il se pince les lèvres, laissant s'échapper un grognement, j'aime... ! Il ouvre ma braguette, me caresse un peu et porte à nouveaux ses lèvres sur ma culotte, embrasse et mordille ma chatte, le tissus diffuse son souffle, je suis trempée, il prend son temps, me respire encore, savoure mes effluves, embrasse de nouveau. Je sens qu'il se délecte, qu'il savoure l'instant « Je sens qu'elle est toute mouillée ! Qu'elle aime ! » Oui elle aime et quel bonheur d'être le centre de son désir, de lui offrir avec subtilité, qu'il apprécie avec tant de sagesse et de respect. Il glisse un doigt sous l'élastique, je sens sa peau, d'abord sur mes lèvres puis entrer en moi timidement et repartir. Revenant face à moi et me regardant droit dans les yeux, il goute la mouille déposée sur la pulpe de son index et me demande « Embrasse ma queue, n'enlève pas mon caleçon, embrasse là au travers ! » Je m'exécute sans rechigner, envahie de cette douleur qui le réclame en moi. Mes tripes s'emmêlent, quand entre mes lèvres je l'enserre, elle si dure me désirant, je me régale de son odeur masculine et de lessive mélangées. Je ne peux plus résister, j'ai envie de sentir sa douceur. Mais en voulant desserrer cet élastique, il m'en empêche, d'un geste délicat mais ferme me sépare de se sexe qui n'aspire qu'à la caresse. A la place il m'invite à me redresser et m'offre ses lèvres, j'y dépose un petit baiser intrigué. Il ne dit pas un mot, il a pourtant l'air heureux, serein. Il me ré-habille, remet ma ceinture, toujours en silence, fait de même pour lui. Je suis partagée entre peur et incompréhension, n'importe quel homme m'aurait laissé le sucer. Je le regarde : « qu'y a-t-il ? ». Il ne répond toujours pas et m'invite face à lui, nous nous asseyons, il me caresse la joue et me sourit. Je le regarde interrogative, ne comprends pas pourquoi il ne veut plus de mes baisers. C'est alors qu'il agrippe ma nuque approchant sa tête de la mienne, m'embrasse, longuement, insidieusement, amoureusement ?, non sexuellement ! Sa langue pénètre ma bouche, bandée, gluante et drue, elle dévore la mienne à m'en couper le souffle.

Oui il est différent, il va me déguster, j'ai compris, il veut me rendre dingue, il veut que je me consume, il me veut envouter, désireuse, il veut mon plaisir, ma folie, il me veut au bord de la frénésie. C'est certain, il va me torturer jusqu'à ce que je le supplie. Je me plierai à ses moindres fantasmes pour qu'il me baise. Je me soumettrai à sa torture incessante pour qu'il me prenne... Mais putain !!! Quelle douce et terrifiante torture !

Nous avons bu un thé avec tendresse et simplicité. Nous avons refait le monde, lui sérieux moi toujours futile. Je suis apaisée, sereine et heureuse. Il a bien fait de venir me chercher, de me rentrer dedans, de me bousculer. Il attise une part de ma curiosité, j'ai encore plus envie de le découvrir, le comprendre. Il a à m'offrir un autre monde, une histoire différente. Je lui apporterai ma douceur et ma candeur, paradoxalement je me ferai chienne perverse s'il me souhaite ainsi. Un petit quart d'heure plus tard, je pars, le cœur léger, comme une adolescente, ravie d'avoir osé pousser ce portail, pensant aux prochaines rencontres, je reprends le cours de ma vie. Dans la soirée je reçois un SMS : « Merci pour ce délicieux moment, on se revoit quand ? » Je lui réponds : « jeudi soir », autrement dire demain. Nous nous reverrons au gré du temps et de nos envies. Il m'effeuillera peu à peu, jusqu'à ce que mourante de désir, que je m'offre totalement à lui, qu'il exacerbe ma libido à m'en rendre malade, hantée par la tentation, boulimique de ses ardeurs, qu'il me prenne de sa queue brûlante et bestiale, que toutes nos convenances ne deviennent qu'une excuse à la convoitise, à la luxure qui nous anime. Sans promesse, avec démesure et avec une soif infinie, je suis alors devenue son amante, son brin de sensualité, son besoin sexuel, sa salope concupiscente, une discrète jouissance en sa demeure, jusqu'au jour où il ne me donnera plus... Je me refuse d'être objet et ne viendrai plus, mais nous resterons de jouissifs souvenirs.

J'te...

J'voulais t'écrire
Une phrase.
Un mot
Une virgule
Une apostrophe
Crier...
Hurler...
Gémir...
Rugir ou glapir
J'te voulais toi
un p'tit coup par ci par là
Une caresse
Une fessée
Une bouffée
Ton oxygène
T'étouffer
Te provoquer
Suffoquer
Entre tes cuisses
Entre ta raie
Engloutir...
Dévorer...
Languer...
Ensevelir...
J'voulais ton sexe
Long, dur et dru
Le gâter, le flatter
Titiller...
Choyer...

J'te voulais
Pour moi
Sur moi
En moi
Giclant
Jouissant
Spasmes
Et Orgasmes
J'te.....
Mais tu n'es pas...
Là !

Infidèle

Quand je suis rentrée il dormait déjà. J'ai d'abord pris une douche, peut être pour effacer l'odeur de cette escapade, les traces de ce début de nuit dans d'autres draps. Ce qu'il reste de l'autre sur ma peau. Après j'ai trainé un peu, allumant la télé pour l'éteindre aussi tôt ! J'ai bu un verre d'eau et croqué dans une pomme sans envie, la reposant en haut de la pile, les marques de dents apparentes. Je me suis même dit que c'était dégueulasse, tant pis je la laisse. Un dernier regard dans le salon, puis finalement je décide d'aller me coucher, peut être un peu coupable, d'avoir cédé à cet inconnu, d'avoir offert mon corps si facilement et d'avoir pris tant de plaisir. Non en fait c'est une fausse culpabilité, c'est plus une excuse que je me donne car je sais que mon amour, celui qui est dans mon lit, si je le réveille, va me questionner, il va vouloir savoir, il va vite deviner car il me connait parfaitement. Dans le noir je le devine à peine, allongé là en face de moi. A sa respiration, je sais qu'il dort profondément. Je n'ai pas envie de le réveiller, peut être encore, je veux garder ce moment que pour moi un petit peu, juste le temps de m'endormir.

Lentement je me glisse sous les draps, comme d'habitude,

dès qu'il sent ma présence, il se colle à moi une main sur mon ventre. À l'oreille il murmure : « salope !» Il me connaît bien et sait d'où je viens. « Je ne voulais pas te réveiller », je le devine sourire : « Comment ça ? Petite garce ! Tu ne vas pas t'en tirer comme ça ! » Bien sur que non, il a prévu d'affirmer sa position de mâle dominant, ne laisser que son odeur, et j'aime ça. Mon con me trahit, à ces toutes petites paroles, il était encore mouillé, je sens l'excitation m'envahir et mon vagin n'être que le fleuve amazone. Visiblement je ne suis pas la seule à avoir un petit coup de chaud, je le sens déjà bander entre mes fesses. Je serre les cuisses, j'ai envie de le faire languir un peu. Il y glisse la main : « Je sais que tu as envie, je te connais bien, et tu sais à quel point j'aime quand tu es comme ça ! » Bien sur qu'il a raison mais, je garde les cuisses serrées, je veux qu'il me bouscule, qu'il insiste. Il ne le sait que trop bien et force le passage pour accéder à mon sexe trempé, y glisse un doigt. Sa bouche contre mon oreille : « D'où vient-elle ? Cette petite chatte, je sens qu'elle a pris beaucoup, beaucoup de plaisir ! On ne va quand même pas la laisser s'endormir comme ça ! Pas avant qu'elle ne m'ait tout raconté » Sans retenue, il glisse un autre doigt.

Son souffle me rend folle, oui j'ai envie ! Je desserre un peu les jambes, il ne peut s'empêcher de me le dire à nouveau « t'es vraiment une salope ». Contre lui, Je suis sa proie, il me tient et j'aime ça, lui appartenir, qu'il me protège jalousement d'autres affamés, quand je rentre tard, et qu'il fait nuit dehors. Sans doute un brin femme/enfant avant de succomber maîtresse. Son index agile caresse mes petites lèvres et appuie sur mon clitoris, son majeur le suis de près. Cette sensation me fait presque jouir, j'ai envie, de lui de sa queue dure en moi, d'être sa chienne, sa dévotion, sa salope quoi ! Il le dit si bien qu'il m'en rend dingue. Quand à mon oreille le souffle accompagne ses mots, que les frissons envahissent mon corps et brûlent mes entrailles, je me liquéfie. Je sens tout son corps glisser sous les draps. Ses lèvres sur mon ventre, il m'embrasse le nombril, je sens sa langue me lécher le pubis et gouter mes lèvres gonflées. A grand coup de langue, me lèche comme un affamé. Je lui offre ne pouvant plus résister, je me donne à lui, mon homme, celui qui connait le chemin de ma jouissance, je lui ouvre alors mon trésor pour qu'il le dévore. Je sais qu'il cherche le gout de l'autre, qu'il espère une odeur qui serait passée outre celle du savon. Je sais qu'il aime respirer un inconnu qui laisse sa trace sur moi. Je le sens à sa façon de m'aimer plus intense encore, chaque coup de langue est plus profond chaque baiser plus chaud. Je lui abandonne une première jouissance précoce, mais n'arrive plus à résister. Il boira jusqu'à la dernière goutte. Plein de mon odeur, je saisis sa tête entre mes mains le guide vers ma bouche. J'ai besoin de l'embrasser d'avoir ce gout de nous sur les lèvres. Ses yeux dans les miens, il me dévore du regard, m'embrasse, me sourit. Je veux qu'il me prenne, je lui dis et le guide, prends sa queue dans une main et la glisse en moi. Il se plaque contre mon con, son corps est lourd, ses doigts agrippent mes fesses. « Fais-moi mal mon amour ! » Les mots s'échappent de ma bouche, comme un aveu, une soumission. Il s'arrête alors net « tu as raison petite garce, tu mérites ta correction ».Il me prend de quelques coup de reins. « Ma correction » Ces mots là me mettent dans un état second, dès qu'il se retire et sans rechigner je m'installe à l'envers sur ses genoux le cul en l'air prêt à recevoir. J'attends un petit moment, me dandine, j'attends encore, me dandine à nouveau pour lui faire comprendre que J'ATTENDS !!!! Encore quelques secondes interminables puis une première claque arrive sur ma fesse gauche, cinglante, elle m'arrache un cri de surprise. Je sens tes lèvres se poser, cajoler, puis une seconde claque, plus forte, une troisième et une quatrième, je n'ai pas le temps de reprendre mon souffle, la douleur arrive et fait que ma chatte dégouline. Il y glisse un doigt, me traitant de sale petite putain, et me redonne une gifle sur le cul, déjà bien rouge et endolori. Oui je le suis Oui ! Sa putain, sa catin, cette salope qui exécute ses besoin candauliste. Je crie de bonheur, et de rage, je tends encore mes fesses, je veux que qu'il frappe, mais il estime que cela suffit. A quatre pattes je sens sa langue venir gouter mon petit trou s'y enfoncer un peu et un doigt s'y glisser sans précaution. Je sais qu'il se caresse je l'entends, j'aime ce bruit de peau, ce frottement irrégulier qu'un homme a quand il caresse sa bite. Je sens très bien, qu'il va me prendre ainsi, qu'il pense à celui qui 2 heures avant était à sa place, qu'il a senti la dilatation de cet orifice du bout de la langue. Je sais qu'il doit marquer, pour sceller cette nuit, ce que je lui laisse comme un territoire. Ce que j'aime qu'il possède de moi, je m'accomplis docile, me caressant la chatte, je sens tout sa puissance de mâle entrer en moi. Au fond de mon corps il me possède. Cette idée m'excite, j'aime lui appartenir lui être dévouée, je jouis et ruisselle, ma petite chatte brûle de plaisir. Il me prend sans délicatesse cherchant au fond de moi, ces douleurs physiques qui lorsqu'elles laissent place à cette jouissance à la limite de l'orgasme, donne cette sensation unique de ne plus avoir de corps, de se vider abondement d'une puissante source d'amour. Il ne suffirait que d'un coup de rein dans mon cul pour que je perde pied. « Tu vas jouir ma salope ! TU VAS JOUIR !!! » Il hurle d'un désir proche de la colère, me touchant le clitoris de l'index, et m'enfonçant le majeur dans le con. Je suis prise de partout, mon corps se raidit dans des spasmes répétés, il se vide de partout, les orgasmes fusent. Proche de l'hystérie, je m'égosille de rage amoureuse, je m'époumone d'insultes ! Il redouble

d'intensité gueule aussi fort que moi, me culbute frénétique, J'ai les oreilles qui bourdonnent, je suis en train de bramer, poussant des cris, un râle animal, je vais partir, tomber dans les vapes, mais je lutte et reviens peu à peu à moi. Un silence envahit la pièce, tout se calme autour de nous, même les objets nous regardent. Je reprends mon souffle, le sien ne manque pas. Je sais qu'il est au bord de l'explosion, qu'il a besoin de ce calme juste avant que sa verge énorme se déchaine en moi. Tranquillement il prend mes cheveux, tire ma tête vers l'arrière, je le supplie « pilonne-moi encore», il ne résiste plus, sa queue gonfle et emplit le trou de mon cul dilaté, les vas-et-viens, je sens son liquide tapisser mon rectum, son corps aplatit mes fesses, ses couilles claquant sur mes lèvres et me rendent folle. Epuisée, mais avide je me laisse aller dans un ultime orgasme avant de retomber lourdement sur le lit. Son corps chaud vient alors s'avachir sur le mien. Je n'ai plus aucune force et me laisse écraser. A mon oreille « Je t'aime ma chérie, j'aime ta folie ! ». Oui mon amour je l'aime aussi !
Quelques minutes plus tard, nos corps enfin séparés, il me caresse le ventre du dos de sa main, je tiens son sexe entre mes doigts. Le silence, nous écoutons le silence de cette nuit profonde. Tu te lèves, pour aller te rafraîchir, j'en profite pour aller pisser. Nous revenons ensemble, mains dans la main comme deux adolescents. Je le regarde se coucher, j'aime son corps, ses petits défauts nés sous mes yeux, avec le temps. J'aime ses rides plus profondes après l'amour, celles qui se sont forgées de nos rires, nos emmerdes, mes pleurs, ta dureté. J'aime quand on est nus dans notre lit. Je viens près de lui, il est 4heure du matin. Ma tête sur son épaule il me dit de dormir un peu maintenant. Je n'ai pas envie de fermer les yeux, je n'ai pas envie que cette nuit s'arrête, le désir toujours présent pour le maintenir éveiller, je lui annonce que demain, enfin dans

deux heures et demi, il faut que je me lève, pour partir plus tôt travailler. J'ai prévu un rencart avec mon amant vite fait vers 11h. Un petit coup pour le sucer, et que j'aimerai qu'il me dise si je fais comme ça si l'amant aimera, glissant mon corps sous les draps, ma langue le long de sa verge.

C'est une folie...

Assise entre ciel et marécage,
Fouettée par ce vent d'autan
M'apaise....
Calme
Les poumons emplis d'iode
Les yeux au bord des larmes
Respire...
Il rend fou, au bord de la démence...
Lui souris
Au goût salé d'embrun,
Je m'abandonne
Un cri ...
J'oublie
Dans un tourbillon
Son vacarme incessant
Noyée
Je reste offerte

Amis intimes

Une soirée seule, je pense que je vais glander un verre de vin à la main, je choisi une musique, John Coltrane Blue Train, Oui bleu comme le ciel l'est encore un peu. Il fait doux, les fenêtres sont ouvertes, c'est une soirée de début d'été. Cette atmosphère me rend nostalgique, lentement je glisse dans le rêve, le bruit au-dehors annonce les premiers badauds venus passer leurs vacances. Surplombant cette ambiance, assise sur le rebord de fenêtre me vient l'envie pour parfaire cette détente de me caresser. Je glisse une main dans ma petite « culotte glandage », en coton blanc et toute relâchée, mes doigts sur les lèvres je commence mon excursion à bonheur. La pointe de mon clitoris se dresse venant chercher mon index curieux quand m'extirpant de cette intense plénitude, un bruit, si familier, me fait sursauter. Le vibreur de mon téléphone portable. Je n'ai aucune envie de répondre, il ou elle attendra. Une seconde vibration, puis une troisième. Merde ! Ce doit être important, je cède à l'appel du Sms. Sur l'écran « Viens ma poule ! On sort ! J'ai envie de danser et pas envie d'y aller seul ! » Envoyé en trois exemplaires. Mon voisin et ami, qui a la délicatesse de m'imposer sa demande par SMS au cas

où je ne sois pas seule. Il faudra un jour que je lui explique que la branlette n'est pas qu'une histoire d'homme. Et oui bien sur qu'il va venir me chercher, car de toute façon il sait que je ne peux rien lui refuser. Je réponds donc « Ok, viens quand tu veux la porte est ouverte ». C'est comme ça entre lui et moi, simple, enfantin et dénué de tout acte sexuel. Il préfère mes amants m'a-t-il annoncé clairement lors de notre première rencontre. Tant mieux ! Au moins j'aurai un pote avec qui regarder un film en entier avais-je de suite pensé ! Et oui je l'avais lui et son rire qui envahit l'espace, sa bonne humeur et sa folie. Alors que j'enfile mes bas, j'entends la porte claquer et son rire… Il venait d'apercevoir le verre de vin « Mademoiselle boit seule ? » J''enfile ma robe et le rejoins un peu agacée « Oui je bois seule, et pas que ! Tu m'as sortie d'une caresse solo ! Il y a intérêt à ce que l'on passe une soirée mémorable ! » Il rit encore plus. Il est beau avec ce pantalon moulant, son petit derrière, son tee-shirt col en V et sa petite veste cintrée, oui franchement il est bandant. A mon regard il comprend et exécute un tour sur lui-même levant les bras « J'en ramène un ce soir ! » A mon tour de rire, bien sur il en ramènera un, danser n'est qu'un leurre, et lui un bel hameçon. Il s'approche de moi et en guise de bise je lui tends ma poitrine, il prend mes seins dans ses mains, un rituel que l'on s'est inventé le jour où il m'a avoué ne jamais en avoir touché. Il aime ça, il trouve que c'est agréable, et j'aime ça façon plutôt maladroite de me peloter ! « Bon on y va ma grande ? »
Nous voilà embarqués dans ces bars « gay », où mes atouts féminins sont plus pathétiques qu'attirants. Je me sans comme la pauvre hétéro sans chéri, genre incasable au caractère bien trempé, qui veut se la jouer « branchée ». L'ambiance n'est pas la mienne mais je me laisse prendre au jeu, et, quitte à être humiliée, je m'amuse à jouer la diva excentrique qui finalement provoquera les rires de toute la

galerie. Bien sûr je ne bois pas, car il m'a averti qu'il aurait besoin de moi comme chauffeur. Il réapparaît au bout d'une heure, complètement surexciter « On bouge !! » Le voici au bras d'un charmant jeune homme, « Cyril, vient avec nous en boite !
- Génial ! Moi qui pensais rentrer. J'ai pas trop envie d'aller là bas. Je vais me sentir toute seule, et pas un mec pour moi !!! Tu parles d'une soirée mémorable.
-Allez fais pas ta vieille il est encore tôt, et qui sait tout peut arriver, ma poule tu sais que la nuit tous les chats son gris !
-Mouai
-Viens, je te promets que tu ne le regretteras pas !
-Bon ! D'accord, mais si je m'ennuie je me casse avec ou sans toi !
-D'accord ! »
Nous filons donc dans un second lieu de perdition où les back-room sont réputées plutôt clean, comme par hasard !!! Et puis bon, finalement, je m'y sens bien et y retrouve même quelques amies venues passer une soirée tranquille. Ne pouvant qu'ingurgiter des jus d'oranges et les glaçons des mauvais whiskys, je décide de me laisser aller sur la piste de danse, m'abandonnant à la danse. Je me trémousse avec effervescence, à en chopper mal à la tête. J'aime cette sensation de vertige, de tourbillon, ce moment d'excitation égoïste parmi la foule, les corps s'emmêlent et se touchent, furtivement, parfois plus intensément. Au milieu d'inconnus, des mains égarées caressent les parties d'un corps puis s'en vont. Je suis, les oreilles bourdonnantes, dans une semi-transe, quand un bras vient m'arracher à mon délire. Haletante et transpirante j'ouvre les yeux, mon voisin, et oui c'est vrai, je l'avais oublié. Sur son visage se dessine un large sourire, je comprends donc qu'il faut rentrer et que Cyril fera parti du retour. Je le trouve mignon, un sale gosse qui ramène son flirt, cette

idée m'amuse et c'est avec plaisir que je prends la place de Chauffeur désigné pour ces messieurs.
Ils se sont installés sur la banquette arrière. Et ne tardent pas à s'embrasser à pleine langue. Cette situation me dérange d'abord un peu, puis très vite, la curiosité me gagne, et je ne peux m'empêcher de les regarder dans le rétroviseur. Je devine leurs mains sous leurs tee-shirts, du moins pour l'instant. Je décide de mettre un peu de musique pour couvrir les petits bruits. Je me concentre sur la route, mais les mouvements que je devine à l'arrière m'intriguent, Je sens la chaleur monter dans la voiture, ouvre ma fenêtre. De drôles d'idées me passent par la tête. J'ai envie de regarder encore, ce que je fais discrètement. Mon beau voisin à ouvert le pantalon de Cyril, il est en train de lui caresser un sexe incroyablement long, qui brille dans l'obscurité de l'habitacle. Les yeux rivés sur eux c'est par réflexe que je décélère, la voiture ralenti et ils s'en rendent compte. Je croise alors le regard de mon ami qui, à ma grande surprise, se fait langoureux comme une invitation au « matage ». Je fronce les sourcils en guise de questionnement, la réponse de son sourire est limpide. Il m'invite bien à les regarder. Mon cœur s'emballe, un peu comme un premier rendez-vous. Je réponds à mon tour par un sourire complice et ne tarde pas à me garer dans un petit endroit discret de cette nationale quasi déserte. Il sait à quel point j'aime les hommes, leurs désirs, leurs corps pendant l'amour. Je lui avais confié un jour d'un verre de trop, comme j'aimerais le voir baiser un bel homo comme lui. Je ne le croyais pas sérieux quand il m'avait répondu « pourquoi pas ! ». Je suis donc assise leur tournant le dos n'ayant pour vision que ce petit miroir. Je baisse la radio, de la musique lounge, et les écoute. Cyril gémit, d'une voix presque enfantine, je sens que la situation l'excite aussi. Je sens ma petite chatte désireuse, elle est toute mouillée.

J'abaisse un peu le dossier de mon siège et, tournant la tête, je les regarde franchement.
Je suis proche d'eux et peux sentir, leurs parfums, ils se sont mélangés, il y a aussi l'odeur de la transpiration de deux corps d'homme, l'odeur de leurs désirs. Je suis dans un doux rêve d'effluves, je me délecte, inspire fort, mon ventre se tort, il en veut encore. Il a pris la queue de Cyril dans sa bouche. Je la vois entrer et sortir, il la suce de grands mouvements tendres, la tenant d'une main ferme. J'aime le regarder, sa bouche appétissante, ses lèvres fines, puis charnues, selon le va ou le vient. Je devine sa langue jouer de se gland luisant. Je m'imagine le gouter à mon tour. Puis je pose le regard sur le petit cul rond de mon ami, il est défroquer les mains fines de Cyril l'agrippent. Son index dans la fente. Il ne tarde pas à le lécher, et lui caresser le petit œillet. Je n'en peux plus, mon sexe me brûle. L'excitation s'empare de ma chair, je remonte ma robe, glisse un doigt sur mon clitoris démesuré d''envie. Il palpite, je replonge mes yeux sur l'index de Cyril, il l'enfonce maintenant dans le petit trou qui se dilate. Un cri étouffé viril sort de la bouche de mon ami, encore remplie de cette magnifique queue. Je ferme les yeux, passe la langue tout autour de mes lèvres, et me concentre sur mon entre jambes. Je me caresse, me délectant de cette odeur luxuriante qui nous entoure. L'odeur masculine m'excite. Cette aventure lubrique me donne faim, je lèche mes doigts avec envie, et commence à me caresser le clitoris. J'entends ces deux Apollons jouir. Je les imagine des doigts dans leurs culs, leurs queues badantes et luisantes se frotter l'une contre l'autre. Je jubile d'extase, ouvre les yeux et les regarde ils se lèchent le rectum. Dans une position complètement démente et inconfortable. Je ris de la situation, expulsant mon premier orgasme. Ces cons (qui n'en sont pas) me procurent un plaisir immense. Cyril

répond à mon rire « Ca te plait grosse pute de le regarder m'enculer ? » et moi de lui répondre « Oui j'aime voir sa queue s'enfoncer dans ton petit cul muscler, ça m'excite grave ! » Je vois à mes paroles qu'il bande plus raide. Et je décide d'en rajouter « Branle-toi ! Puisque ça te plait et que t'en crève d'envie ! ». Il m'obéit, il n'attendait que ça. Je plonge mes doigts au fond de mon vagin et par petites pressions, me déclenche un second orgasme, plus lourd, plus puissant et plus solennel. Je reste scotchée quelques minutes, savourant mon intérieur chaud et gluant de la pulpe de mes doigts, puis léchant ma mouille, je redescends ma petite robe, la fine culotte de dentelle entre les lèvres de mon sexe. Je remets ma ceinture et démarre. Mes deux complices sont apaisés ils se sont déchargés dans de puissants et sonores orgasmes. Le sperme embaume autours de nous.

Nous rentrons mollement. A la radio Miles Davis souffle un jazz de circonstance. La nuit est calme. L'aurore ne va pas tarder à se lever. Arrivés sur le parking je crois que nous nous sommes endormis dans la voiture, presque la bite à l'air. Quelques heures plus tard je rentrais prendre une douche. J'avais un nouveau voisin. Nous n'avons jamais reparlé de cette soirée, nous avons continué notre vie, simplement et s'aimant comme avant. Cyril restera encore quelques mois. Puis un joli brun le remplacera avant les disputes de vie de couple.

La porte d'en face : On ne reste que le temps de ne pas trop s'attacher, mais le temps nécessaire pour prendre son pied.

Rendez vous hier

Je te donne rendez vous hier
Sans amour
Viens dénudé
Au rond point
Du caniveau
Je t en supplie
Oublie moi demain
Quand je serai
Ton écorchée de peau
Au cœur lacéré
Pour que ton corps et mon parfum
Ne se quittent plus
Nous dînerons nos cervelles
À la petite cuillère à dessert
C est toujours plus chic
D aimer sans envie
On se ment pour se garder
Invincibles
Ce serait trop triste de se faire
mal
Encore... Encore...
Encore Une fois
Je te dis à hier
Ne m oublie pas cette fois
J apporte mes lambeaux de nous

17 h00

Le soleil brule, une chaleur intense sur la peau, le signe que l'orage et proche. Comme un salut, l'astre offre le plus fort de son intensité avant de se faire engloutir par ce nuage immense dans un camaïeu de gris qui grignote petit à petit le bleu du ciel. Le vent se lève furieux, fait gonfler ma jupe et danser ses volants fouettant l'arrière de mes cuisses, un air salvateur à cette ambiance lourde et moite. Les passants se hâtent, ils veulent se mettre à l'abri, folle agitation qui annonce cette tempête imminente. Encore un coup de vent plus fort que le précédent, j'écarte légèrement les bras pour profiter de chaque bien-fait de ce bienvenu, continue d'avancer sereinement sur le trottoir de cette longue allée ornée de platanes. Au bout de la route, il est installé dans sa berline, garé en attente, la lampe verte pour indication. J'avance face à lui, je suis bientôt seule face à ses vitres fumées. Celle du coté conducteur se baisse, son bras dépasse, comme pour me faire comprendre que lui aussi m'a remarqué. Les façades ferment leurs contrevents, nous sommes seuls, je regarde le ciel, les nuages gonflent, s'assombrissent tout en offrant une multitude de fromes plus rondes les unes que les autres. Une grosse goutte tiède tombe sur ma joue, puis autours de moi, l'odeur de la terre me monte aux narines, j'inspire à pleins poumons. Ho que j'aime ! Le sourire aux lèvres les yeux dans sa direction, je fixe est dégonfle doucement ma poitrine, le regard rivé sur la voiture, j'avance d'un pas sûr, roulant des hanches, me caressant de la main droite le cou, puis la naissance de mes seins, quand une pluie dense s'abat sur mon corps. Aveuglée, je m'essuie les yeux, avant d'écarter les bras et me mettre à tourner, tourner, tourner... Le rire s'emparant de moi. La route ne tarde pas à devenir un ruisseau, une première voiture passe et m'éclabousse. Mon rire redouble, je suis maintenant trempée, mon débardeur léger, ne laisse aucun doute sur la fraîcheur de l'eau. Je ne vois plus rien, l'orage s'intensifie, et me coupe le souffle, le rire ne se calmant plus je titube, et vacille, quand une seconde voiture passe et s'arête à coté de moi, la portière s'ouvre et une voix sur un ton grave crie : « Monte vite ! Espèce de dingue ! ». Je n'ai pas trop le temps de réagir qu'une main agrippe mon bras et me tire à l'intérieur de l'habitacle. Je ne me défends pas je sais que c'est lui, qu'il n'a pas pu s'empêcher de voler à mon secours quitte à pourrir les sièges de son taxi. Je suis à peine assise que je suis affublée de questions, « Pourquoi t'a fais ça ? Tu te rends pas compte ? Si tu tombes sur la route ? Et si quelqu'un te voit ainsi ? si ..si.. » J'ai dix ans et je me fais engueuler car j'ai fais une connerie. J'essaie de faire la moue en le regardant, mais le voyant rouge de colère j'éclate de rire à nouveau. Il me regarde muet, puis redémarre.

« Tu m'emmènes où ?

-Je ne sais pas encore,

-Tu m'enlèves ?

-tu ne me laisses pas le choix, t'es folle ou inconsciente, ou, les deux !

-Je me suis laisser emporter, c'est bon de céder à la folie !

Non ? »
Le silence revient. Dans ce village nous connaissons tout le monde et tout le monde nous connait individuellement. Nous ne sommes pas « amis » et nous ne nous fréquentons pas dans nos vies. Nous voir ensemble risquerait de faire parler, donnerait une nouvelle histoire aux « quand dira t on », bref une mauvaise idée, qui risquerait de faire plus de mal que de bien. Il y a cependant entre nous un lien amical et charmeur qui s'est instauré. Nous nous croisons souvent, nous saluant de larges sourires, et de regards complices. Il y a cette limite non franchissable par la morale et la bienséance que nous avons signé en construisant nos familles. Il y a cet interdit grisant, qui nous émoustille si on effleure lors d'une fête où d'un événement qui nous réunirait par hasard. Nous nous cherchons alors, attirés l'un à l'autre, se dévorant du regard. Il roule et je vois qu'il prend la direction de la mer, je lui souris. Il rompt le silence, me posant une main sur la cuisse
« - Tu penses ce que tu viens de dire
-Oui, j'en suis certaine, c'est bon du céder à la folie, arête toi et danse sous la pluie, tu verras !
- Tu sais très bien que je ne pensais pas à cette folie là
- Il y en a d'autre ? »
Il retire sa main, la pose sur le volant et roule jusqu'à la plage sans rien dire. Je reste à coté, dans le doute. Je commence à avoir froid, mes tétons pointent et les frissons se dessinent sur le tissu mouillé. Je vois très bien qu'il louche sur la poitrine et sur mes cuisses. Je vois très bien aussi qu'il se régale à ne pas mettre le chauffage, et me voir greloter. Nous arrivons maintenant sur le parking face à la mer. Je tourne la tête, le regarde, lui fixe l'horizon droit devant. La mer est agitée et nous fait cadeau de la danse de belles vagues pleines d'écume. La pluie, elle, s'est faite plus douce et joue sa petite mélodie sur le toit pour les

accompagner. Une belle atmosphère, paisible, pour un rendez vous après un enlèvement Un picotement commence à me titiller le nez, par réflexe je le pince entre l'index et le pouce et le contient, mais je sens vite qu'il me chatouille de plus en plus les narines et que l'éternuement monte, il est proche, très proche prête à ... « Aaaatchoum... ! » Un cri violent casse soudain la plénitude. Je vois mon ravisseur sursauter sur son siège.
« Ho pardon ! J'ai essayé de retenir, mais je crois que j'ai attrapé froid !
-Evidement ! » Je le vois reculer son siège, se pencher en avant et extraire une chemise, toute bien pliée, d'un petit rangement dissimulé. Il me la tend « Je pense que tu seras mieux au sec, passe à l'arrière pour te changer, personne ne te verra avec les vitres teintées. »
Je prends la chemise en le remerciant. Elle dégage une bonne odeur fraîche de lessive, je la porte à mon visage pour mieux la sentir, en prend une grande inspiration, comme pour me l'approprier avant de la passer. Il a l'air amusé, je pose la chemise sur le rebord à l'avant, défais ma ceinture, et soulève mon débardeur. « Pas besoin de passer derrière il n'y a que nous de toutes façons ! » Mal à l'aise, il tourne d'abord la tête de l'autre coté. J'hôte mon haut en une fois, me soulève pour retirer ma jupe, et comme il ne regarde pas, que j'ai envie de jouer de lui, je lui demande : « A ton avis si je ne retire pas ma culotte, je risque quand même le rhume ? » Je distingue l'esquisse d'un sourire dans le reflet de la vitre. D'un mouvement rapide il revient vers moi, m'attrape les épaules l'air grave : « Tu as raison ne néglige rien, mais je n'ai pas de caleçon à te prêter, alors... Fais comme tu le sens ! » Sans le quitter du regard j'enlève le morceau de tissu, dernier rempart à mon impudeur. Sans me lâcher de ses yeux gourmands, il s'empare alors de la chemise, me la passe sur les épaules, m'aide à passer les

bras, et la boutonne juste au milieu, laissant le décolleté béant et une autre ouverture du nombril à mon sexe. Je baisse la tête l'air mutin, cache mon intimité avec mes mains recouvertes des manches trop grandes.
« Pourquoi tu te caches ? Nous sommes seuls, c'est toi qui l'as dit. Et puis j'ai mis la lumière rouge, alors aucun risque d'être dérangé.
- C'est aussi la lumière de pute ! »
Il éclate de rire, faisant non de la tête tout en se jetant dans son fauteuil. J'aime son rire, son profil, et ses yeux plissés lui donnant les belles rides de la quarantaine. Je me sens un peu comme privilégiée de partager cet instant avec lui.
Il se reprenant : « On fait quoi maintenant ? On rentre… ou ?
-Ou quoi ? »
Je ne veux pas rentrer, pas maintenant pas comme ça, je veux de lui, qu'il me regarde encore désireux, l'allumer à ne plus pouvoir l'éteindre. J'ai besoin d'une autre folie, une à deux, une autre danse, une transe. Il remet sa ceinture et démarre : « Ou rien, il vaut mieux rentrer ! »
Je n'arrive pas à cacher ma déception, il faut que je trouve un truc, vite, il faut que je l'emporte dans les délires, vite, il faut que je le bouscule, sans l'embrasser, sans le toucher, je veux encore qu'il me sauve, réfléchis, vite, vite… La mer, la solution, d'un geste rapide je retire la chemise, la jette sur lui et me sauve en direction de la mer.
Nue, me voilà courant comme une folle sur la plage, il ne tarde pas à sortir et à me rattraper avant même que j'atteigne l'eau. Me saisissant dans ses bras, il hurle que je suis vraiment une grande malade. Il essaie de me reconduire à la voiture, je glousse de joie, je me débats. C'est la première fois que je sens ses mains chaudes sur mon corps. Tout son être m'enlace, la première fois que je sens sa force. Mon désir redouble, je rêve qu'il

m'embrasse, qu'il me prenne ici devant tout le monde qu'il n'y a pas, dans le sable mouillé sous la pluie, je ne veux plus quitter ses bras tant qu'il ne m'aura pas fait jouir. Je suis sure qu'il le sait, il le ressent, qu'il le veut lui aussi. Portant il ne s'écoute pas, reste sourd, et froid. Pourquoi ? Il me promet que si je retourne dans le taxi, il fera ce que je souhaite, je lui fais jurer TOUT ! Il jure. Nous retournons à la voiture. Je remets la chemise et confirme son idée, nous devrions rentrer. Il démarre, assis l'un à coté de l'autre nous ne parlons plus. Même la pluie s'est enfin arrêtée. Finalement il est plus sage que moi, j'avais envie d'ivresse, je me suis contentée d'une douche froide, ça m'apprendra à jouer les délurée. Je dois me résoudre à reprendre un cours de vie normal : « Ne t'inquiète pas pour ta chemise, je te la rendrai toute belle, cependant je ne pense pas que ma lessive sente aussi bon que la tienne
-Ce n'est pas grave, c'est un vêtement de secours pour être toujours nickel ! Alors ? Que veux tu que l'on fasse
-Je te l'ai dis on rentre !
-et c'est tout ? »
Au fond moi je bouillonne, mais que cherche t il ? Il n'assume pas en fait, il veut que je porte les couilles.
« Comment ça : C'est tout ! Tu es glacial, tu ne fais que me frôler, me repousser, que veux tu qu'on fasse une partie de scra..... »
La voiture pris un virage sec et s'engouffre dans un chemin de terre, plein de boue et de trous. Il a la mâchoire serrée, les yeux fixes, nous sommes ballotés de tous les cotés mais il ne ralenti pas pour autant. Je commence à avoir peur, je suis allée trop loin, en fait c'est un malade, il va me tuer, peut être qu'il est impuissant. Du regard je cherche mes chaussures, mais elles ont dû rouler sous le siège, tant pis, j'ai l'habitude d'être nus pieds. Face à son silence pesant, je réfléchie à toute vitesse il faut que je m'éloigne de lui dès

que j'en ai l'occasion, Je pose la main sur la poignée et dès qu'il ralenti je saute. Nous arrivons devant un mur de végétation qui obstrue totalement le passage. Il respire fort, Il arrête tout, voiture et moteur. Paniquée, J'ouvre la portière et d'un élan me jette dans le vide. J'e m'écrase dans une flaque de boue et reste étalée au sol. J'entends sa portière s'ouvrir, je n'irai pas loin, il faut plutôt que je le calme, j'essaie de m'assoir, et j'y suis presque quand il se penche sur moi, j'ai les mains prises dans la glaise et n'arrive pas à m'en servir, il me fixe l'air furieux, c'est un cinglé et je vais y passer, il prend ma tête, que je trouve bien petite, entre ses mains, énormes, et en une seconde sa bouche ambrasse la mienne avec une force qui me fait presque mal. Nous avons les yeux plongés l'un dans l'autre, les miens terrifiés, les siens commencent à se plisser, quand il décolle ses lèvres, il affiche un large sourire : « Mais tu croyais quoi que j'allais t'étrangler ? » puis il part à rire. Merci à mon imagination fertile, me voici cul nu dans la boue au milieu de nulle part avec un dingue qui ne sait pas ce qu'il veut. Vexée que je suis « Oui j'ai eu peur espèce de taré !!! Ca va pas de faire des trucs pareils ? » Le voyant si rieur je me calme vite, il m'aide à me relever, et me prenant dans ses bras, Il me dit tout bas, écartant les cheveux de mon oreille. « Tu as quelqu'un qui t'attend ce soir ? » Je fais non de la tête. « Et tu es libre cette nuit ? », je fais oui, « Alors si on faisait tout ce qu'on a envie ? »
Il m'enlève le chemisier, et avec, nettoie mon corps maculé de terre, boue et autres feuilles mortes en décomposition. J'aime ce moment, ses caresses, son attention. Il a des gestes délicats, quand il passe sur la rondeur des fesses, il dépose ensuite un baiser, il me fait frissonner ou peut être c'est un reflexe de mon épiderme. J'ai le ventre qui se tord, j'ai envie de lui, envie de sa bouche partout, et parallèlement je me sens vide, épuisée, toutes ces émotions

sans doute. Je m'installe le temps du trajet, nue sur la banquette arrière à l'abri des regards, je ne veux que le sien dans le rétroviseur, le mien clos. Je crois que je me suis assoupie, nous sommes maintenant arrêtés, sous un avant toit, il envoie un SMS, sans doute à sa femme pour lui dire qu'il ne rentre pas. « Ca y est tu es réveillée ? Je vais aller réserver une chambre, attends moi ici, je te prendrai un peignoir pour venir te rechercher
-Merci »
Je regarde par la fenêtre, nous sommes dans la cours d'un mas transformé en hôtel de charme. Je suis un peux engourdie, mais je sais qu'au moment où je sortirai d'ici tout ira mieux. Il revient déjà, je suis sure qu'il a couru, il a un peignoir sous le bras qu'il me tend à peine la portière ouverte. Les chambres sont aménagées comme un motel à l'américaine, toutes les unes à coté des autres, encerclant la cours de plain-pied. Un peu plus loin on devine une piscine, cachée derrière une haie de jasmin qui embaume l'atmosphère. Je passe le peignoir, et sors de la voiture. Nous traversons la cours main dans la main, comme deux adolescents. La chambre est simple mais très propre une décoration de tissus marin et de bois flottés. Mon cœur bât fort, cet homme était jusque là attirant car inaccessible, parfois si je rêvais d'amant je mettais son sourire et ses yeux malicieux, mais rien ne laissait présager qu'un jour nous partagerions une chambre d'hôtel, une nuit, nos corps. Tandis que j'explore les lieux je m'entends lui confier que je ne suis pas très à l'aise, il me répond avec bienveillance que nous ne sommes obligés de rien, que l'on peut commander un repas et passer une soirée en toute amitié. Cependant il se rapproche de moi, je reste figée. Derrière moi, il pose ses main sur mes épaules « On peut en rester là, je ne te forcerai à rien d'autre ». Il fait glisser le peignoir le long de mes bras, je laisse filer le tissu épais. J'ai envie qu'il me

déshabille, doucement centimètre par centimètre. Il continue « Ou je peux te déshabiller, te faire l'amour, peut être nous aurons faim l'un de l'autre, peut être... » Il m'embrasse le cou. Je lui offre, nos gestes sont lents, comme pour en savourer chaque mouvement, pour ne rien perdre de l'instant. Ses lèvres parcours mon épaules, mon cou, je sens quelques fois ses dents me prendre le lobe de l'oreille, sa langue en suivre les contours.
Je suis maintenant torse nue, d'un geste habile, il défait la ceinture, et pose ses paumes douces et chaudes sur mes seins. Me prends une grande inspiration que je bloque, partagée entre la raison et le désir. Je suis si vulnérable au désir, au fond de moi j'en reconnais les sensations, et quand ses mains se resserrent un peu plus, je ne suis plus qu'excitation. Il parcourt maintenant ma colonne vertébrale de ses lèvres, s'arrêtant en haut de la raie des fesses, il sort sa langue, lèche furtivement et me retourne chatte face à son visage. Je le découvre à genoux les yeux, les mains sur mes fesses, il enfonce sont nez jusqu'à mon clitoris, et inspire. Un mouvement d'air qui réveille mon entre jambe et laisse déjà échapper une goutte de cyprine. Il se décolle alors, souriant, et se relevant « Ho oui !!! Je te sens affamée » il me relève la jambe droite enfonçant son sexe dur en moi, je suis en lévitation. Il me prendra une première fois lentement debout, chaque coup de reins affolera mes envies. Je resterai à sa merci toute la nuit, juste cette nuit.
J'aime le revoir parfois au volant de son taxi, transportant de jolies femmes, et je me surprends souvent à les envier. Alors mon regard croise le sien et entre nous, cette nuit revit.

Remerciements

A celles et ceux qui croient en ma folie,

Aux non-dits,

Merci à la patience de mon amie Fabienne pour la correction,

Aux chemins de traverses et leurs surprises,

A toi qui jamais ne me juge et ne cesse de m'encourager,

Aux personnes que j'aime passionnément,

A toutes nos mères, Georges Sand, Margueritte Duras, Anaïs Nin ou encore Régine Deforges, Grisélidis Réal…

Installées à jamais dans ma bibliothèque de chevet.

Mye

9009423R00034

Printed in Germany
by Amazon Distribution
GmbH, Leipzig